ce petit volume n'est que l'extrait du
grand ouvrage sous le meme titre et du meme
auteur que j'ay in folio

# NOUVEAUX PRINCIPES

Pour aprendre facilement et en peu de tems la Musique Vocale et Instrumentale

Ces Principes sont suivis de Leçons que l'on peut chanter, et joüer sur les Instruments. on y aprend la maniere de joüer sur toutes les positions des Clés par la seule connoissance de la Clé de Sol.

## PAR

## M.r DE LA CHAPELLE

Prix 3.lt 12.f

## A PARIS

Chez

- L'auteur rüe
- Mad.me Boivin M.de rüe S.t Honoré
- Monsieur Le Clerc rüe du Roule
- Mademoiselle Castagnery rüe des Prouvaires à la Musique Royale

AVEC PRIVILEGE DU ROY

À Monseigneur

Monseigneur le Comte d'Argenson
Ministre et Secretaire d'Etat de la Guerre,
Grand Croix, Ancien Chancelier de l'Ordre
Royal et Militaire de S.t Louis, Surintendant
général des Couriers, Postes et Relais de France.

Monseigneur

C'est sous l'honneur de votre protection que j'offre aujour=
=d'hui au Public mon traité des Elemens et nouveaux prin=
=cipes de Musique; Vous m'avés permis Monseigneur de
vous consacrer ces premices, Si je suis assés heureux pour
mériter l'honneur de votre aprobation mes vœux seront
pleinement satisfaits, Mon zele prendra de nouvelles forces
et ma vive reconnoissance sara égalle au très profond
respect avec le quel je suis et serai toute ma vie

Monseigneur
De votre Grandeur

Le très humble et très
Obeissant Serviteur.
J. Alexandre de Lachapelle.

*AVIS* sur les principes de la Musique.

Ayant professé l'Art d'enseigner la Musique dans Paris pendant plusieurs années, j'ai crû devoir m'appliquer à composer des principes clairs, faciles, et intelligibles pour les commençants dont les dispositions sont si différentes les unes des autres, qu'il y en a nombre qui ont besoin de recevoir des leçons très aisées, ainsi il faut tacher que le chant ait, s'il se peut le dont de plaire, aux uns et aux autres sans quoi l'ecolier se dégoûte et se rebute, il ne faut point le forcer d'apprendre une Théorie de longue haleine dont l'execution ne s'acquiert qu'avec bien du tems.

Toutes les personnes à qui j'ai enseigné jusqu'à présent m'ont fait l'honneur de me remercier des principes courts et faciles dont je me suis servi pour les instruire, et m'ont engagés de les mettre au jour pour faire plaisir aux jeunes gens de différents sexes et de différens âges, ces principes étant par leur grande facilité à la portée de la disposition d'un chacun.

J'ose me flatter d'avoir trouvé le vray moyen d'enseigner cette science promptement par une Methode aussi familière qu'agréable. Je commence par donner des leçons interessantes dont le chant des notes ait rapport à quelque chose de connu, afin d'applanir les difficultés qui pourroient survenir; c'est là le grand art d'enseigner en allant au devant de ce qui peut flatter l'envie des commençans, et de les aider par des principes qui loin de les rebuter leur fassent plaisir et les engagent d'aller toujours en avant, et d'entirer par ce moyen beaucoup de progrès en peu de tems.

La longue experience que j'ai de ce que j'avance,
est très prouvée de ma part par le nombre considera =
=ble de jeunes gens qui après avoir quitté leurs maitres
me sont venus trouver pour me faire voir le Cayer
ou étoient nottées leurs leçons, après les avoir exami
nées, je leurs dis que ces leçons étoient bien travaillées
pour ceux qui sçavoient la Musique, mais que ceux qui
commençoient à l'apprendre n'étoient point encore en
état d'en profiter, attendu qu'il falloit avant d'y pou
=voir arriver, avoir appris plusieurs autres leçons
faciles, et graduées, suivies d'une Théorie propor =
=tionnée à la capacité de l'Ecolier. Je commencé dès
ce moment à leur donner des leçons suivant mes
principes, et leur fis connoître de quoi il étoit ques =
=tion, ils furent surpris qu'en peu de tems ils se virent
en état d'exécuter eux mêmes et sans aucun secours
non seulement les leçons qu'ils avoient cy devant
abbandonnées, mais même de chanter proprement
un Vaudeville, une Contredanse, et quelques autres
petits Airs courans. J'espere que le Public me sçau
=ra bon gré de luy avoir donné des Principes aussi
intelligibles et aussi clairs que ceux çy, il n'en a point
encore paru dont l'arrangement et la distribution
ayent conduit non seulement a la Musique Vocale
mais même à quelqu'Instrument que l'on veüille joüer
comme Flûtes, Violons, Hautbois, Musettes, Vielles, &c.
Car par le moyen du Plan que j'ai tracé au commencem.
de chaque position de Clé il est certain que l'Ecolier
qui aura acquis suivant mes Principes la facilité de
Solfier executera seul sur son Instrument l'air qu'on

4

qu'on luy presentera après l'avoir solfié deux ou trois
fois et avec beaucoup plus de justesse que ceux qui ne
joüent que par routine et sans principes quelques dis
positions qu'ils puissent avoir.

On fera attention que j'ay marqué à chaque page
par lettre alphabetique la Théorie de chaque chose
amesure que je l'ay crû nécessaire affin que l'Ecolier
ait sous les yeux ses principes qui luy rendront la
pratique plus sensible et la mémoire moins chargée
de maniere que par cet abregé se verra en peu de
tems et sans beaucoup de peine en état de chanter
seul ou de joüer sur son instrument l'air qui luy fera
plaisir, J'ay notté pour les commancemens plusieurs
Noels Vaudevilles et autres airs communs pour acquerir
plus promptement la justesse des sons et la pratique
de la mesure en apprenant peu à peu à nommer les no-
=tes sur toutes les positions des Clés, ces petits airs sont si
connus qu'une personne sans sçavoir la Musique qui
seroit chargée de l'education d'un enfant qui l'appren
=droit s'appercevroit facilement des fautes que feroit
l'ecolier en étudiant sa leçon dans l'absence de son
Maitre.

J'ai donné plusieurs tables de principes absolument
nécessaires et qui conduiront à la connoissance
des objets de fondement et de ceux de comparai
son ces tables seront aussi utiles aux Maitres pour
enseigner qu'aux écoliers pour se perfectionner.

Ceux qui joüent des Instrumens aprendront non seulement
joüer sur toutes les positions des Clés mais aussi à éviter les diffi
=cultés des Clés trop chargées de diezes ou de Bémols telles que
les leçons de transposition l'enseignent.

# 5

# PREMIERE TABLE DES PRINCIPES

## Les trois Clés.

La Clé d'Ut. — La Clé de Sol — La Clé de Fa ⌐:

### Position des Clés.

La Clé d'Ut se pose sur les quatre premiere ligne ·                 Exemple

La Clé de Sol se pose sur la premie= =re et seconde ligne ·         Exemple

La Clé de Fa se pose sur la troisi= =éme et quatriéme ligne· Exemple.

Noms des Nottes sur chaque position des Clés ·



Du mi au fa, il n'y à qu'un demi-ton, comme du si à l'ut, voye' A et B.

6 *Du Dieze, Du Bémol, et du Bécare.*

Celui qui compose un chant de musique, lors qu'il veut
d'un demi-ton en faire un ton, il se sert d'un dieze ♯.
Parce que cette figure sert a hausser la nôte d'un demi-ton,
Quand au contraire, il veut d'un ton en faire un demi-ton,
il se sert d'un bémol, ♭. Parce que cette figure sert a faire
baisser la nôte d'un demi-ton, Et comme ces deux figures
servent pour toutes les nôtes qui sont imédiatement
sur le même degré, il se sert du bécare ♮. parce qu'il
remet le ton d.s son naturel, la leçon de ces trois figures est page

On nomme sept sortes d'intervalles principalles pour
distinguer les differents degrés des sons. Voyez les intervalles
Par la variation des tons et semi-tons, On connoit par l'intervalle de la Tierce deux sortes de Mode, l'un Majeur
et l'autre Mineur. Voiez le Ton d'ut mode majeur, et celui de

## Les Intervalles.

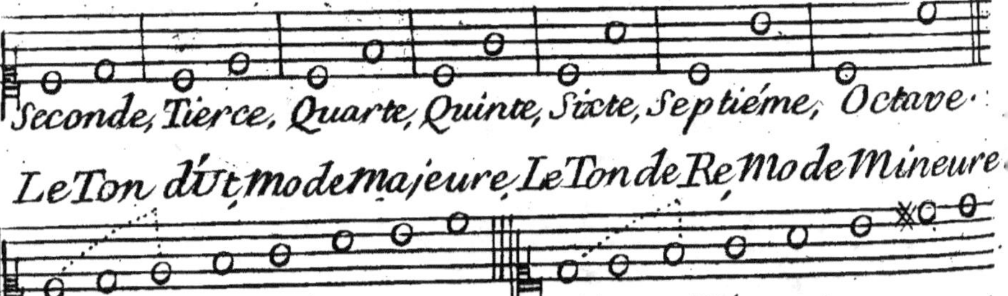


## Des Nottes.

On a donné differentes figures à la Nôte pour exprimer
le plus ou le moins de durée, Par exemple, la Ronde ○
est une Notte entiére, dont les autres ne sont que parties
proportionnés à sa durée, La Blanche ◓ est la deusiéme
partie, parce qu'il en faut deux pour faire la durée de la
ronde, ainsi des autres, a proportion, La Noire ♩ est
la quatriéme partie, La Croche, ♪ est la huitiéme part.
La Double croche ♬ la seiziéme, et la Triple croche ♬ la 3

# De la durée des Nottes et du Point.

Je supose que l'on fasse durer la Ronde une heure,
la Blanche dureroit une demi heure et les autres a proportion Comme aussi, si l'on veut que la Notte dure la moitié
de plus qu'à l'ordinaire, cela se fait par le moyen d'un point
mis emediatement apres la Notte, voyez l'effet du point
Et l'effet de la ligature. ⁀ ou ⁀⁀ cette figure
est pour enchainer la durée de plusieurs Nottes ensemble
jusqu'au degré desiré que l'on veut donner aux Nottes.

Effet du Point.
Qui vaut la moitié
de la nôte précedente

Voyez que cette liga-
ture peut enchainer
la durée, du plus
au moins, cecy
N'étant que pour
prouver la verité
de la chose.

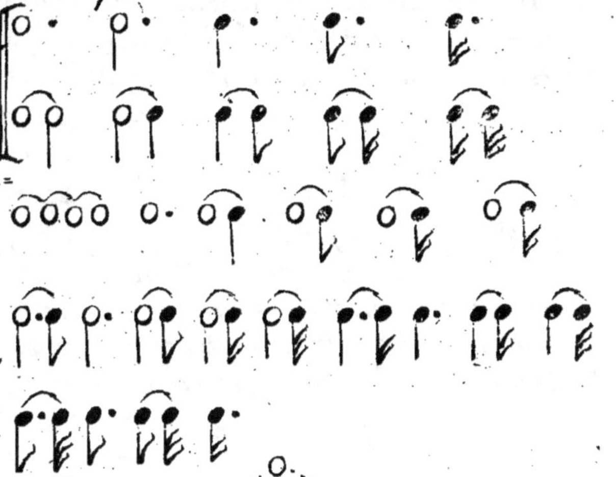

Ronde. ou
Notte entiére.

Blanche. 2.e
partie de la ronde.

Noire. 4.e
partie de la ronde.

Croche. 8.e
partie de la ronde.

Double croche.
16.e partie.

Triple croche.
32.e partie.

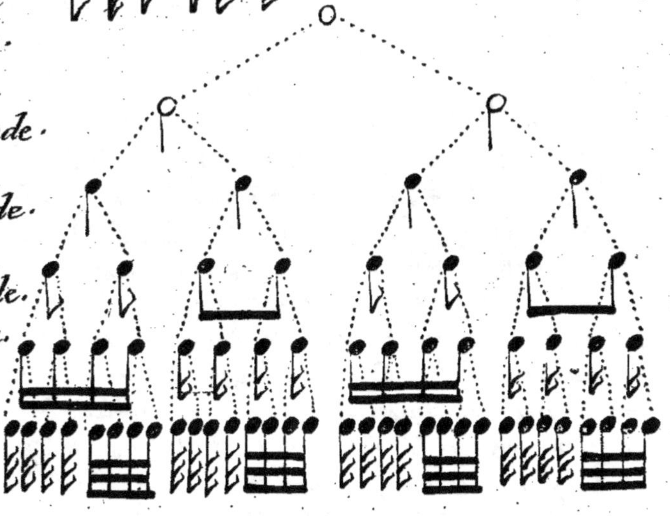

# Des signes de Mesure.

Je parle dabord des trois principaux, Parce que les
autres ont raport à ceux-cy Comme on voira à la suitte,
La premiére est celle du Double ordinaire, Elle se marque
par un 2. Ce qui sinifit de battre la Mesure à deux tems,
La seconde est le Triple ordinaire, Elle se marque par
un 3, Ce qui sinifie de la battre à trois tems; La Troisiéme
est Celle du Double Majeure, Elle se marque par un C. Ce
qui sinifie de la battre a quatre tems. On bat la Mesure
avec la main droite de la maniére suivante.

| Mesure de deux tems. | Mesure de trois tems. | Mesure de quatre tems. |
|---|---|---|
| Levez. 2 | Levez. 3 | Levez. 4 |
|  | | A droite. |
|  | A droite. 2 | A gauche 2 3 |
| Frapez. 1 | Frapez. 1 | Frapez. 1 |

A la mesure de 2 tems. la Ronde dure les deux tems de la
mesure, La Blanche un tems, Ou deux Noires, Ou quatre cro
A la mesure de 3 tems. la Blanche avec un point, dure les
trois tems de la mesure, Ou deux tems sans le point, la Noir
un tems, Ou deux Croches, Ou quatre double Croches;
A la mesure de C. quatre tems, la Ronde dure les qu
=tres tems de la mesure, la Blanche deux tems, la Noire
un tems, Ou deux Croches, Ou quatre doubles croches.
Voyez ou les Nottes se gouvernent comme si elles étoint Pointe

L'on commencera les leçons avec la mesure, afin d'acquerir
plus promptement les Sons et la pratique as çavoir bien bâti
la mesure ; La Clé de Sol, posé avant cette d'Ut, est pour
servir aux instruments, faisant, Sol, la, si, ut, re, mi, fa✳, sol;
à l'unisson d'Ut, re, mi, fa, sol, la, si, ut, pour chanter, Et
pour jouer, on suposera toujours la Clé de Sol, à la place
celle d'Ut posé sur la premiére ligne.

A est la finalle, qui veut dire la fin.
B est le Guidon, cette Figure annonce le
    dégré de la Notte de la portée suivante
C est la Clé pour guider a jouer les leçons sur
    l'instrument.

D.est le port de voix, dittes Mi a l'unisson de la petite
Notte Ré, puis montés ensuitte le son du Ré a la
notte Mi, ainsi des autres.

E. est le Coulement, dittes La sur la petite Notte Si
puis descendés ensuitte le son du Si au La, ain
si des autres.

F. est une + qui marque la note ou l'on fait la Cadence qui s'apprend
plus par imitation que par demonstration G G. est pour la prépa<sup>res</sup>

H est la reprise ‖ ou ‖ qui signifie de repeter deux fois le commen-
cement jusqu'a H et deux fois la suitte.
Vaudeville veut dire un air commun que l'on peut chanter ou jouë
sans sçavoir la Musique mais on reussi beaucoup mieux par
la Notte. Le mouvement de contre-danses se bat plus gayment
que le Vaudeville cy dessus.

Autre.
13
Noel.
Le Double.
Intervalles de Quinte et de Sixte.
Autre
Autre
Intervalle de Sixte et de Septieme.
Autre.
Autre.

Ayant bien réüssi a faire toutes les intonnations, on pe
esperer de surmonter les autres difficultés. Voyés presente
-ment à solfier sur la seconde position de la Clé d'Ut;
Les Instruments joüeront les mêmes leçons sur la C
de Sol sur la seconde ligne avec le fa diéze.

Clés pour les Instrumens.
Premiére leçon de la Clé d'Ut sur la seconde ligne.
Noel.
Cadence
Sinte. qu'on aprent par imitation.
Autre Noel sur les deux positions de la Clé d'Ut.
Le double.
Sarabande.
Menuet.

A. Le Dièze fait hausser la Notte suivante d'un Semi-
B. Le Bémol fait baisser la Notte suivante d'un Semi-to
C. Le Bécare remet la Notte suivante dans son intonatio
naturelle.
D. est le Renvoy qui sert a reprendre a la même figu
avant de finir l'air.

gratieusement.
gayment.
Clé d'Ut, posée sur
la troisieme ligne.
Clé des instruments.
Chant de noel.
Fin.
Menuet.
Vaudeville.

18 Gratieusement.
Fin.
mouvement de Sarabande.
Gayment.
moderement.
Menuet.
autre.

lent.
19
Chant de Noel.
Noel Suisse.
sans lanteur.
Clé d'Ut posée sur
la quatrieme ligne.
Clé des instruments.
ou
Moderément.
Lecon pour le gout du chant.
Vaudeville.

205.
Menuet.
Fin.
Lentement.
gayment.
Fin.
Rondement.

Lentement.
21
Rondement.
Clé de Sol sur la prémiére ligne.
Et Celle de Fa sur la quatriéme ligne.
Menuet.
Tenuë.
Tenuë.

22 Gayment.
Menüet.
La Mesure de ₵ baré
se bat à deux tems lents
ou à quatre tems vîte. A deux tems lents.
A quatre tems vîte.

IGURES DES POSES.
e Baton, vaut le Silence
e quatre mesures.
e demi Baton, celui de
eux mesures.
a Pose, celle d'une mesure.
a demi Pose, le silence
d'une Blanche.
e Soupir, celui d'une Noire.
e demi Soupir, celui d'une
Croche.
e quart de Soupir, celui
d'une double Croche.
e demi quart de Soupir,
lui d'une Triple Croche.
Premiere Leçon des Poses.
Leçon pour les Soupirs.
Leçon pour les demi Soupirs.
Leçon pour les quarts de Soupirs.

A deux tems tres lent.
Mesurée.
La Clé de Sol posée
sur la seconde ligne.
Moderement.
Gayement.

Gay.
25
12 tems lent.
14 tems vite
Rondement.

26 Tendrement.
Musette en Rondeau.
Fin.
Clé de Sol pour les instruments.
Clé de Fa sur la
troisiéme ligne
pour Solfier.
Sans vitesse.

Autre gay.
ans vitesse.
12 tems tres lents
14 tems vite.

28 Gay
Gay.
Gratieusement.
Gay.
Modéré
lent.
Lentes.
Rondeau.
Fin.
Gay.

# TABLE

## Pour la transposition des Dièzes.

Il faut sçavoir que les Diezes sont placés immediate-
ment apres la Clé de quinte en quinte en suivant cet ordre
Fa, Ut, Sol, Re, La & c; qu'il y en ait plus ou moins,
c'est toujours le dernier suivant cet ordre, qui donne le
nom de la Notte Si, sur le degré ou il est placé; il faut
ensuitte en decomptant, soit en montant ou en dessen-
dant, trouver la Clé qui a raport à ce même dégré
de la Notte Si, pour solfier ensuitte en consequence
de cette Clé, sans avoir égard à celle où sont placés les
Diezes, ce qui rend l'intonation beaucoup plus facile,
c'est pourquoy on se sert de la Transposition suives
l'ordre de cette Table.

30 Rondeau Gayement.
Fin.
ou Gratieusement.
Air Gay.
Menuet.
Rondement.

Table des Mesures en général
31
Double majeur, à quatre tems, deux Croches chaque tems.
Double Ordinaire, à deux tems, deux Noires chaque tems.
Double Mineur, à deux tems, deux Croches chaque tems.
Triple Majeur, à trois tems, une Blanche chaque tems.
Triple Ordinaire, à trois tems, une Noire chaque tems.
Triple Mineur, à trois tems, une Croche chaque tems.
Mesure composée du Triple Ordinaire.
Mesure de Six quatre, à deux tems, trois Noires chaque tems.
Mesure de neuf quatre, à trois tems, trois Noires chaque tems.
Mesure de douze quatre, à quatre tems, trois Noires chaque tems.
Mesure composée du Triple Mineur.
Mesure de six huit, à deux tems, trois Croches chaque tems.
Mesure de neuf huit, à trois tems, trois Croches chaque tems.
Mesure de douze huit, à quatre tems, trois croche chaque tems.

32 Gravement.
Leçon dans le goût d'Ouverture.
vîte.
tres lent.
tres tendre.
Leçon de goût du chant.
Legerement.
ou.
Gay.

Mesure de six quatre, à deux tems, trois Noires chaque tems.
Autre.
Mesure de neuf quatre, à trois tems, trois Noires chaque tems.
Mesure de douze quatre, à quatre tems, 3 Noires chaque tems.
Autre.

34 Les Mesures Composées du Triple Mineur
Mesure de six huit, Les Croches égalles.
Autre.
Mesure de Neuf huit, Croches égalles.
Mesure de douze huit, Croches égalles.
Autre.

## Article de la Sincope.

La Sincope est une Notte qui commence sur un tems
de la mesure en continuant sa durée sur le tems qui suit,
On fait sentir sur cette Notte la separation du tems sui=
vant comme si on nommoit cette Notte une seconde fois,
C'est ce qu'on peut faire facilement par imitation :
La Ligature qui sert pour la Notte de Tenüe sert aussi
à la Notte Sincopée, L'usage en fait connoitre la différence.
Voyez S pour la Tenüe de la Notte Sincopée Et T pour
la Tenüe de la Notte qui n'est que pour en augmenter la
durée seulement, Pour lors on ne fait pas sentir la separa=
tion du tems de la mesure. Voyez aussi le Point Sincopée

36 Autre Leçon de Sincope.
Autre.
Leçon de Goût du chant.
Autre.
Port de voix
double.
Menuet.

*On apelle Notte surnumeraire lors qu'il se trouve trois Nottes de même valeur dans un tems ou il n'en faut que deux, ou six au lieu de quatre, Pour lors, il faut passer les trois Nottes également, et aussi vite que si l'on n'en faisoit que deux, sans deranger la mesure, de même qu'il faut passer les six aussi vite que s'il n'y en avoit que quatre, On les distingue ainsi.* 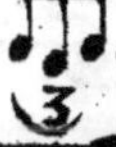 *ou* 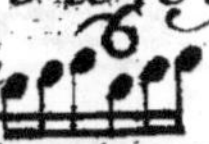

*Menuet de nottes surnumeraires.*

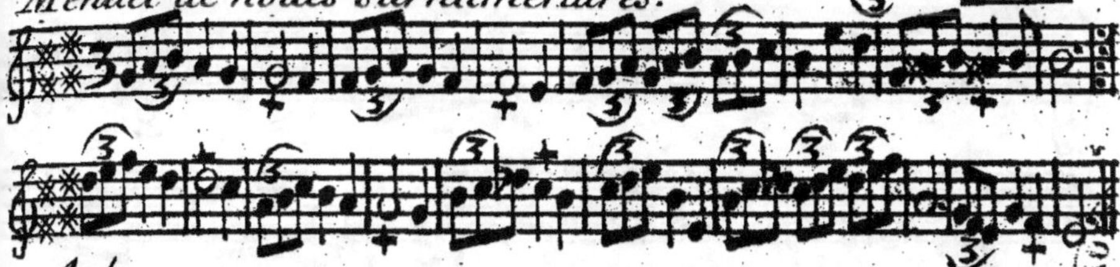



*Autre.*

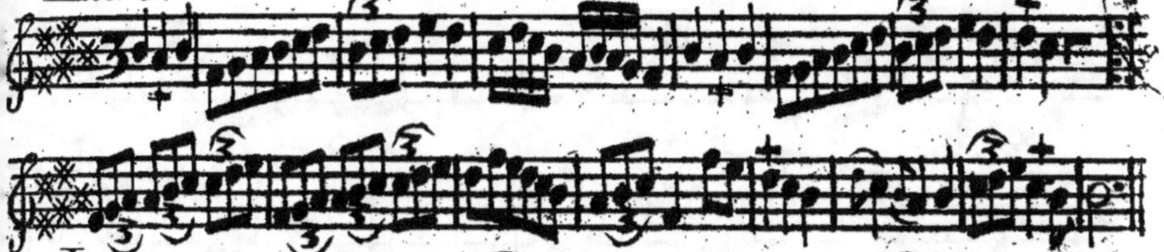

*Leçon.*

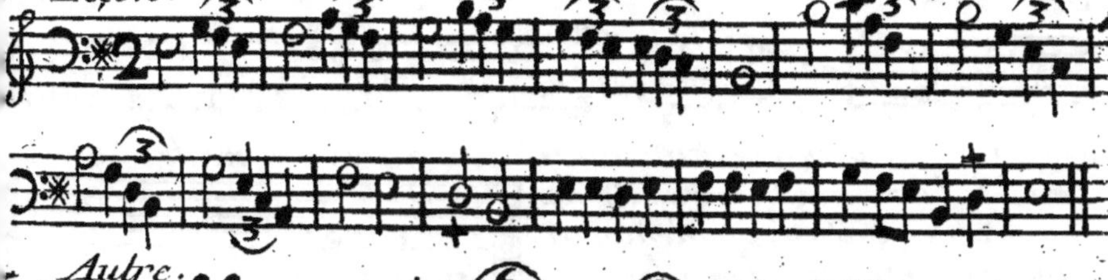

*Autre.*

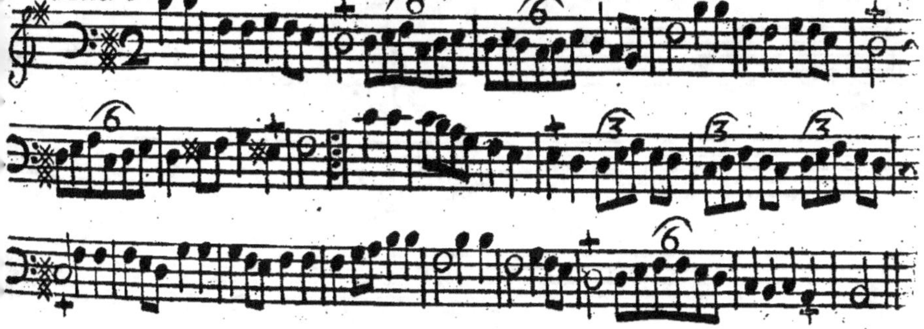

38 Autre
Autre
Autre
Il faut entonner le tout a l'unis=
son de l'Octave d'Ut les diezes mis
auprès des nottes repondent a ceux
qui sont mis apres la Clés
Les 7. Oct.es du mode Majeur.
ut.
re.
mi.
fa.
la.
sol.
si.

# Pour la transposition des Bémols

Les Bémols se posent aussi après la clé, de quarte en
quarte en suposant monter suivant cet ordre Si. Mi.
La. Re. Sol. &c. le dernier donne le nom de la notte
Fa sur le dégré où il est placé et il faut aussi en
décomptant trouver la Clé qui a raport à ce même
degré de la notte Fa, pour solfier ensuitte en consequence
comme on a fait pour la transposion des Diezes le
tout conformement à la table suivante.

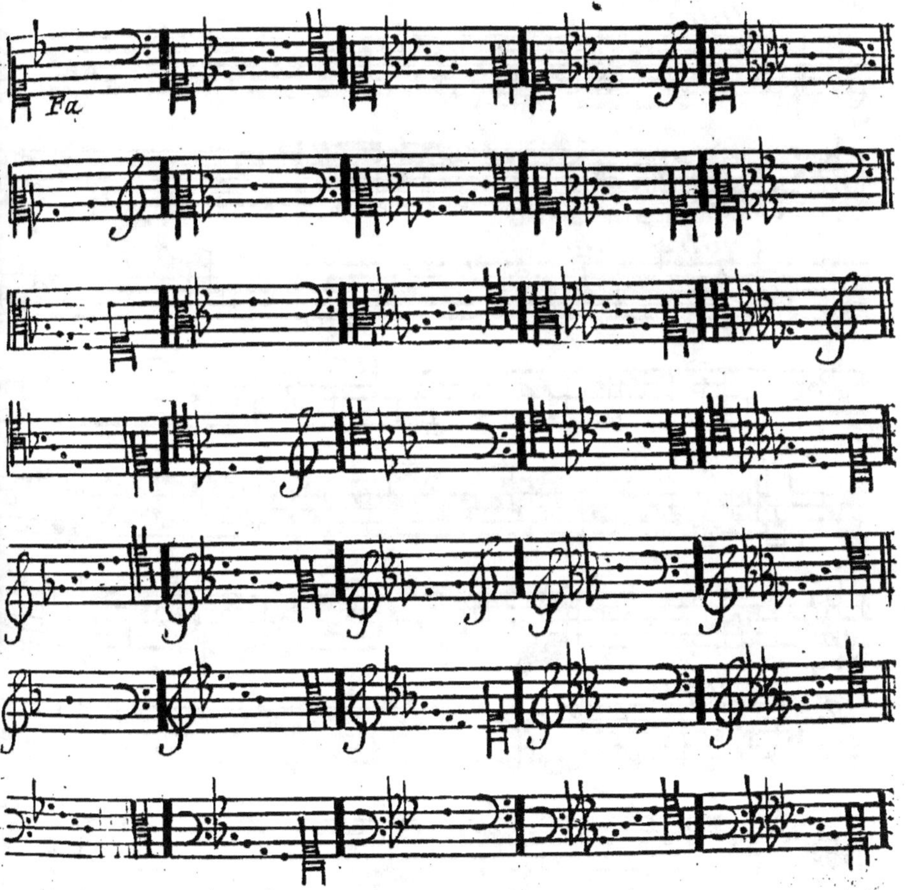

40 Autre.
Moderement.
Autre.
Tendrement.
Autre de Sincope.
Legerement.

41
Rondeau.
Fin.
Tendremt.
Autre.
Gratieusement.
Fin.
Gayement.
Rondeau.
Fin

**Tendrement.**

Tendrement.
Sans vitesse.
Gayement.
Gay.
Lent.
Musette en Rondeau.
Fin.

Rondement.
Gay.
Rondeau.
Fin.
Autre.
Fin.
Autre.
Fin.
Menuet.

44 Lentement.
Autre.
Menuet.
Tendrement.
Rondement.
Gayement.

à deux tems lent.
45
moderé.
Autre.
Gratieusement.
A cette leçon. les Points sont pour faire les croches égal.
Fin.
Autre dans le même goût.

 *Les sept Octaves du mode Mineur*

*Il faut entonner le tout à l'unisson de la premiere Octave*
*Ré les Bémols qui sont aux Nottes ont raport aux Bémols*
*mis à la Clé de chaque Octave*

Ré,

Mi

Fa.

Sol.

La.

Si.

Ut.

*Les Mesures de trois Noires sont plus lentes du double que celles de trois croches*

*Les Mesures de trois Blanches sont aussi plus lentes du Double*

Gay.

Menuet .

48
Musette en Rondeau.
Premier Menuet.

mineur
2.e Menuet.
Air de Trompette.

Menuet.
Trompette.

Gigue.

52
Air Tendre.
Lent
Gigue.

Modérément.

La Contrefaiseuse.

Sonate, Propre à jouer et a Solfier.
Adagio.
Allegro.

Adagio.
Allegro.

57
Fin de la sonate.

58 Moderé
Rondeau.

60 Gay.
Le Chant de la Caille.

Les Airs faciles Propres à joindre les Parolles aux Nottes
Rondeau
Je fais le bonheur d'un amant par sa sons-
Fin.
tance même. Plus on connoit le prix de la
beauté qu'on aime, Et plus on aime constament;
Air Tendre.
Coeurs inconstants vôtre erreur est extrême,
C'est n'aimer rien que de changer toujours:
Fixez vos feux, le zephire lui même, pres de Flore
assidu, passe ses plus beaux jours. Fixez vos feux
le zephire lui même, pres de Flore assidu,
Autre.
passe ses plus beaux jour. Dans une ardeur nou-
velle, vous pourez trouver plus d'apas, Mais vous ni
trouverez pas, un coeur plus fidel--le.

62 Les Airs propres a commencer a chanter les Parolles
lent.
Plus je vous vois plus je vous ai-me, Rien n'est é=
=gal a mon ardeur Helas que n'êtes vous de
me-me, Que ne fixez vous vôtre coeur.
Duo.
Quand je quitterai ma Climène, Quand je changerai mes
Quand je quitterai ma Climène, Quand je changerai mes
amours: On verra les eaux de la Seine S'arrêter ou
amours: On verra les eaux de la Seine S'arrêter ou
prendre un autre cours
Duo mineur
On verra regner l'inno
prendre un autre cours.
On verra regner l'inno
cence, On épargnera son prochain; On dira toujours ce
cence, On épargnera son prochain; On dira toujours ce

qu'on pence, Quand je cesserai d'aimer le vin.
qu'on pence, Quand je cesserai d'aimer le vin.
Air tendre.
Les yeux d'Iris vous prêtent des armes vôlez amour,
vôlez, vôlez, Triomphez de nos coeurs:
Touchez aussi le sien pour redoubler ses char-mes,
lancez lancez y vos ardeurs.
Mineur.
Son jeune coeur manque a vôtre gloi......
......re, Pour ce triomphe des=
=cender des Cieux; Vous pouroit-elle, Amour, dispu=
=ter la victoi..........rë, si
vous regnez dans ses beaux yeux.

DUO.

Le Privilege du Roy est dans le 9.e livre des Vrays Principes
de la Musique, Ceux qui souhaiteront aprofondir cette Sience,
Trouveront dequoy se satisfaire, Dautant que celui-ci, n'est
Qu'un extrait des quatre parties, Que l'on prend séparément.